# DISCOURS

Prononcé à la Distribution des Prix du Collége de Lodève, le 8 août 1859, par M. COSTE, professeur de septième et huitième.

**MESSIEURS,**

En parcourant la longue galerie historique, où sont appendus les portraits des évêques de Lodève, nous nous sommes arrêté devant une belle figure de vieillard à l'œil rayonnant de bienveillance, à la physionomie intelligente et expressive; signes distinctifs de la bonté du cœur et de la noblesse de caractère. Chercher la vie de cet homme, dont nous avions déjà pressenti l'âme, a été pour nous un vrai bonheur. Nous avons d'une main pieuse soulevé la poussière que le temps avait jetée sur sa mémoire; avec amour nous avons étudié chaque détail d'une existence fertile en événements et pleine de grandes actions.

C'est à l'abri du nom illustre de Plantavit que nous allons aujourd'hui prendre la parole devant une assemblée où se pressent

**1859**

tant de personnes distinguées, réunies dans
cette enceinte pour applaudir aux succès de
ces jeunes enfants... Vous m'en voudrez
peut-être, mes amis, de retarder le moment
si désiré de la distribution des couronnes;
soyez sans crainte, je serai court. Laissez-
moi, pendant quelques instants, montrer à
vos yeux le portrait d'un des grands hommes
de votre pays, et vous rendre fiers d'appar-
tenir à cette antique cité de Lodève qui s'é-
norgueillit à juste titre de ses illustrations.
Vous verrez ainsi que la Providence jette à
son gré les talents sans distinction de ville
ou de contrée.

Jean Plantavit de la Pause descend des
Strozzi, famille illustre qui, alliée aux Médicis, donna à la Toscane des savants, des
hommes d'État, des sénateurs, des peintres,
des poëtes.

Decius Strozzi prit le nom de sa mère
Porcia Plantaviti, abandonna sa patrie et vint
se fixer en France, à la suite sans doute
d'une de ces révolutions de famille qui dis-
persent les branches d'un même tronc, comme
l'âpre vent d'automne jette au loin les feuilles
du chêne de la montagne. C'était vers la
fin du treizième siècle.

L'un des fils de Decius s'établit dans les
Cévennes et forma la branche des Plantavit
de la Pause; d'un autre, descend la tige des
Plantavit de Margon, naturalisée dans nos
pays.

Les descendants de Decius occupèrent de hautes charges dans l'armée, sous les règnes de Charles VII, Louis XII, Charles VIII, etc.

Alors s'éleva une tempête qui, pendant plusieurs siècles, bouleversa le sol de la France et sema de débris la province du Languedoc.

La religion protestante se répandit dans les Cévennes. Le paysan de ces contrées, sombre comme ses forêts, fier comme ses rocs, austère comme le sol, impressionnable comme l'air pur de ses vallées, embrassa avec enthousiasme la réforme. Dès-lors la division se mit dans ces pays si calmes. On vit ces populations, jusque-là riches de probité et de vertu, jusque-là laborieuses et amies, abandonner dans les champs la charrue oisive, s'emparer du glaive et s'égorger au nom d'un Dieu qui abhorre le sang.

La famille des Plantavit avait embrassé la nouvelle religion, et cependant Christophe de Plantavit de la Pause s'allia avec une famille catholique en épousant Isabeau, fille d'Assac, seigneur de Marcassargues. Jean de la Pause naquit de cette union en 1576.

Le jeune Plantavit fut élevé dans la religion protestante; mais il avait une mère catholique, pieuse et tendre, qui, enveloppant ses jeunes années du chaud duvet de son amour maternel, fit que son enfant sentit par son cœur, vit par ses yeux, jugea par sa conscience. Toute dévouée qu'elle fût à l'époux de son choix, elle n'en inspirait pas moins à son fils des idées religieuses qui devaient, plus tard, le séparer violemment du sein de sa famille. Quand venait le soir, elle joignait ses deux petites mains innocentes en lui disant avec des larmes dans la voix : « Mon fils! aime ton père et prie pour lui; et l'enfant, qui ne comprenait pas encore, répétait une à une les paroles dictées par sa mère.

Tout jeune il fut envoyé au collége de Nîmes où il fit de rapides progrès dans l'étude des langues anciennes. Comme on le destinait au ministère évangélique, il étudia surtout l'hébreu, idiôme prophétique des rives de l'Euphrate et des bords du Cédron. Sa taille souple et élancée semblait destinée à ne soutenir que le poids de la réflexion. Sa démarche, empreinte des charmes de l'enfance, avait je ne sais quoi de grave et de recueilli. Il était né pour le sanctuaire, pour la prière muette et recueillie, le soir, entre les deux piliers d'une basilique, devant la puissante majesté de Dieu.

L'intelligence de Plantavit se forma rapidement. Tous les ans il regagnait ses chères montagnes, les mains chargées de couronnes, et sa mère était bienheureuse, et pas un de ses condisciples ne le jalousait, parce qu'on n'envie que ce qu'on espère égaler.

Le grade de docteur en théologie lui fut conféré aux applaudissements de la Faculté de Nîmes. Il fut alors désigné pour aller prêcher l'Évangile aux réformés de l'église de Béziers.

Henri IV, en montant sur le trône de France, par l'abjuration du protestantisme, avait signé à Nantes un édit célèbre qui accordait à ses anciens corréligionnaires le libre exercice de leur culte. Il ne leur était pourtant pas permis d'avoir un temple dans les villes épiscopales : Béziers avait le sien à Boujan, petit village non loin de là. Plantavit, dans la chaire évangélique, fut un orateur puissant; nourri de la bible, il avait une éloquence majestueuse, lyrique, enthousiaste, qui remuait profondément les masses accourues de loin pour l'entendre.

Un jour, c'était le huit septembre 1604, une affluence extraordinaire se pressait dans l'enceinte du temple de Boujan. Des princes étrangers, qui voyageaient alors en France, étonnés de la réputation du jeune ministre, avaient voulu, par eux-mêmes, juger cette éloquence naissante.

L'orateur, ce jour-là, demeura longtemps le front dans les mains, plongé dans une rêverie profonde; on n'entendait dans l'auditoire que le souffle contenu des respirations. Il sort tout-à-coup de son recueillement les yeux illuminés d'un enthousiasme inconnu. Sa parole vibrante résonne sous les voûtes. Ce n'est plus le jeune homme développant avec calme les textes du livre saint, c'est le prophète Nathan parlant avec feu en présence de David. Entendez! Le peuple est d'abord muet d'étonnement; puis le murmure monte et grossit comme celui de la vague touchée par le vent du sud; puis le murmure devient cris, hurlements, menaces; l'indignation monte, et l'orateur, calme maintenant, regarde la foule qui s'ameute. Dans une improvisation sublime il vient de célébrer le culte de la Vierge! On le force à quitter le temple.

Ce fait extraordinaire fut regardé comme un miracle à cette époque. Nous ne saurions y voir que le résultat de la conviction lentement mûrie par l'étude; conviction dont les premiers germes se trouvent dans ces enseignements sortis des lèvres de celle qui avait entouré son berceau d'une si tendre sollicitude.

**Deux** ans après, De la Pause était prêtre; il étudiait à Rome les langues orientales, sous la direction de savants fameux, Dominique de Jérusalem et Gabriel Sionite. Au sixième siècle, la fièvre d'érudition avait envahi toute l'Europe. Des professeurs émérites vulgarisaient partout les trésors de la science.

Le cardinal de Joyeuse, alors ambassadeur à Rome, s'empressa de recommander son jeune compatriote à Marie de Médicis, qui le nomma quelque temps après son aumônier.

Plantavit arriva à la cour au moment où

le poignard de Ravaillac venait de plonger là nation dans le deuil. Paul V, à cette nouvelle, avait dit, les larmes aux yeux, au cardinal d'Ossat : « Vous avez perdu un bon maître, et moi, mon bras droit. »

Marie de Médicis était régente; c'était une femme hautaine, implacable, se dévouant sans mesure à ceux qui lui plaisaient, et poursuivant de sa haine ceux dont elle se croyait offensée. Le jeune aumônier ne se laissa point éblouir par cette haute position. Il fut à la cour noble sans fierté, indépendant sans morgue, soumis sans bassesse; il demeura incorruptible au milieu des intrigants qui se ruaient avides à la curée des places et gaspillaient les trésors amassés par le bon Henri.

Elisabeth de France, qui tenait de son père la noblesse de l'âme et la loyauté du cœur, jeta bientôt les yeux sur cet homme intègre dont elle admirait la sainteté et la science. Aussi, quand vint le jour où elle dut abandonner son pays, pour devenir l'Infante d'Espagne, elle s'empressa de le choisir pour son grand aumônier. Celui-ci fut à la hauteur de sa noble mission. La jeune Elisabeth se plaisait souvent à confier à cet homme d'élite ses dégoûts et ses regrets, au milieu d'une cour où la religion n'était presque toujours que le masque d'intrigues politiques.

En 1625, De la Pause, nommé évêque de

Lodève, revint en France. Il arriva dans cette ville, la veille de la Noël, précédé d'une réputation brillante de talent, de distinction, de noblesse d'âme et de vertu.

Les temps étaient durs; la disette implacable se faisait sentir dans la ville, la faim, mauvaise conseillère, soufflait aux oreilles du peuple des projets de révolte. Du reste, la guerre civile, qui grondait aux environs, augmentait les périls. Les campagnes avaient été dévastées par Thémines et Rohan; on ne cultivait plus, à quoi bon? Le pied du soldat foulait les blés, détruisait les vignes, saccageait tout dans les champs.

Plantavit se montra père de famille, administrateur éclairé, général habile, prélat savant. Riche, il se promit bien de faire un noble usage de sa fortune. Il avait pour maxime que le meilleur moyen de faire l'aumône aux pauvres c'est de leur donner du travail. L'aumône rabaisse toujours celui qui la reçoit, et finit par lui persuader l'inutilité de tout labeur, tandisque l'ouvrier rapporte avec orgueil à sa famille le pain gagné à la sueur de son front.

Sur les places publiques on voyait des bandes nombreuses d'oisifs dont la faim aiguillonnait les mauvais instincts. Il fallait à tout prix faire cesser ce menaçant Lazzaronisme et occuper des bras dangereux par l'inaction.

Le nouvel évêque porta d'abord ses regards sur cette antique basilique ravagée par la main du fanatisme. De nombreux ouvriers, stimulés par sa présence, travaillèrent à la restauration du monument. Bientôt la vieille cathédrale fut rajeunie et frémit de joie en revoyant dans son enceinte les pompes du catholicisme dont elle était veuve depuis longues années. Plantavit fit en même temps reconstruire le palais épiscopal tombé sous le marteau des démolisseurs; il termina le couvent des Récollets et répara les routes dégradées par la négligence.

Ces travaux gigantesques ne pouvaient le distraire de ses études favorites. Comme Bossuet, une lampe brûlait toute la nuit dans sa chambre; et souvent, pieds nus, par les temps les plus froids, il abandonnait sa couche pour travailler au grand dictionnaire de la langue hébraïque.

A la tête des affaires se trouvait alors un homme dont la volonté de fer ployait à son gré toutes les ambitions. Avec son vaste génie politique, il avait entrepris de rendre la France grande entre toutes les nations. Nullement scrupuleux des moyens, il allait droit au but, se souciant peu des victimes qu'il fauchait à ses pieds. Tantôt scandalisant l'Europe par son alliance avec le protestantisme et sa lutte contre le pape; tantôt subjugant la Rochelle, ce boulevard de de la réforme; tantôt jetant à sa folle cruauté le cadavre des Marilhac et des Chalais. Richelieu était roi de France, Louis XIII en avait les hochets.

Le duc de Montmorency, surexcité par les tracasseries de ce ministre, qui venait de lui enlever son grade d'amiral, s'unit à Gaston d'Orléans, le plus frivole, le plus ambitieux, le plus lâche des princes.

Montmorency leva douze régiments d'infanterie, mais le sort des armes lui fut contraire à la bataille de Castelnaudary. Il fut pris et conduit à Toulouse.

La princesse de Condé, le peuple, les grands se jetèrent aux pieds du monarque ; tout fut impuissant. Richelieu voulait encore empourprer ses mains dans le sang d'une noble victime; il eut raison contre tous, et la tête de Montmorency roula sous la hâche du bourreau, dans la cour de l'hôtel-de-ville de Toulouse.

Et voilà les résultats d'une guerre civile! Quelle plume saura jamais redire toutes les horreurs de ce fléau terrible, qui, parfois, les mains sanglantes, passe au milieu des populations épouvantées.

Malheur aux nations où le frère se bat contre le frère! Malheur! car l'œil de Dieu se détourne d'elles ou ne les regarde que pour les faire descendre encore plus bas dans les sombres profondeurs du crime.

Grâces à Dieu, Messieurs, ces malheurs sont loin de nous. Il a suffi d'une main puissante et ferme pour réfréner cette tourbe aux mauvais instincts qui nous menaçait du pillage, de l'incendie et du crime. La guerre civile a été scellée dans son noir tombeau; tant que le pied du grand homme pèsera dessus, soyez sans crainte, elle ne saurait en sortir.

Proscrit par la haine de Richelieu, l'Évêque de Lodève fut obligé de chercher un abri dans les montagnes. Il alla manger le pain noir du fugitif dans la chaumière d'un pauvre paysan, à la générosité duquel il confia sa retraite. Il fallait se courber sous la haine du ministre, laisser passer le vent terrible de son emportement qui brisait tout.

L'Évêque fut enfin absous. Il revit avec bonheur sa ville épiscopale, Lodève, sa chère Lodève, sa Ludovicée, comme il se plaît à l'appeler lui-même. Le malheur avait imprimé sa trace sur le front du Prélat; le malheur! plante vivace qui germe au fronton des palais, comme à travers les planches disjointes de la chaumière! Qui, une fois dans la vie, n'a senti passer sur ses yeux un voile de pleurs? La douleur prend l'homme au berceau pour le conduire jusqu'au bord de la fosse; pas un n'est vierge de ses atteintes.

L'hiver de 1634 ramena les malheurs de la plus affreuse disette; le froid avait stérilisé les semences confiées à la terre; on voyait des malheureux, hâves de faim, se traîner dans les rues, cherchant une nourriture; de pauvres enfants se suspendaient aux mamelles taries de leur mère; Dieu semblait punir la province de ses désordres, en comblant d'une main sévère la mesure des maux dont elle s'accablait elle-même.

Plantavit ne put voir sans émotion tant de souffrances. A grands frais, il fit venir du blé qu'il distribua aux pauvres; les plus malheureux étaient les mieux traités; son palais devint le palais de la Providence; et, non content de distribuer le pain, il donnait, en même temps, l'aumône de ses consolations qui découlaient d'un cœur tiède de larmes et de charité.

Pour occuper les bras de tant d'hommes valides, il entreprit alors de construire le Parc et le jardin de Prémerlet. A lui donc revient l'honneur d'avoir doté la ville de Lodève d'une promenade, le charme des habitants, l'admiration des étrangers. Sous ses ombrages, parfumés de l'odeur des fleurs, l'enfance peut joyeusement s'ébattre, et la vieillesse causeuse, redire les souvenirs d'autrefois.

De la Pause, ayant terminé l'œuvre de toute sa vie, attira à Lodève, Colomies, imprimeur, de Toulouse, dont l'habileté rivalise presque avec celle des Estienne. Sous ses yeux, il édita, en cinq ans, le *Thesaurus synonimicus*, le *Florilegium biblicum*, le *Florilegium rabbinicum*, trois volumes

qui sont le résumé d'une érudition profonde
au service d'une intelligence d'élite.

Puis, lorsque tout fut terminé, il jeta un
long regard sur son existence, si fertile en
agitations; il sentit alors le poids des années
peser, de sa main implacable, sur son front
où se creusaient les rides profondes. Sans
effroi et sans peine, il vit arriver le soir de
la vie. Comme Salomon, il avait eu la fortune, les honneurs, le talent. Il avait vu
de près la cour fastueuse de Marie de Médicis
et d'Élisabeth, il avait assisté aux luttes ter-
ribles de la guerre civile, qui plongent toujours les nations dans le deuil et les larmes;
il avait senti le poids d'une mître pendant
les vingt années de son épiscopat; il avait
enfin goûté les fruits énivrants de la science,
et, maintenant, il se demandait si la somme
de son bonheur n'eût pas été plus grande
sous l'habit de bure du paysan, à l'abri du
toit du chaume enfumé.

Souvent, le soir, il se plaisait à promener
ses pas allourdis d'âge et de travail dans
les rues tortueuses de la ville. Les petits enfants, qui avaient appris son nom des lèvres
de leur mère, allaient saluer Monseigneur
dont le bienveillant regard souriait à ces dé-
monstrations de l'enfance. Le peuple l'aimait
et le regardait comme une image de la Providence. Soir heureux d'un si beau jour!

récompense bien juste de l'homme dont la vie n'avait été qu'un long dévoûment.

Enfin, sentant faiblir ses forces et se croyant désormais un ouvrier inutile, il résigna son évêché à François de Bosquet, son ami, et se retira au château de Margon où il avait établi Théophile François, son neveu.

Il vécut encore quatre ans au milieu de sa famille, étouffant autour de lui les souvenirs importuns du monde, pour ne plus songer qu'à cette patrie du ciel où depuis longtemps habitaient ses pensées. Une goutte remontée l'enleva tout-à-coup, à l'âge de soixante-quinze ans.

Vint le jour où le corps du prélat rentra dans la ville pour y dormir le dernier sommeil. Les cloches, par moments, se faisaient entendre, par moments, se taisaient; le chant lugubre du *de profundis* alternait avec les détonations des arquebuses; la bière, recouverte de noires draperies, s'avançait lentement au milieu des flots d'une population muette de douleur. Puis, six hommes, la prenant sur leurs bras, la placèrent dans le mausolée, et, lorsque toute prière eut cessé, au moment où le froid couvercle de marbre allait retomber sur les restes du vieillard, le peuple, en larmes, se jeta sur le cercueil, déchira pieusement en mille pièces la draperie noire qui le recouvrait et se la partagea, pour la conserver à jamais dans la famille comme un talisman de la vertu.

Puis, le couvercle s'abaissa lentement et tout fut dit.

Cent quarante-trois ans après, quelques hommes se glissaient un soir, à pas furtifs, dans l'enceinte muette de la désolée cathédrale. Plus de Christ au tabernacle, plus de lustres aux voûtes, plus de tableaux aux murs, plus de sons majestueux d'orgue, plus d'encens, plus de prêtres. Un rouge bonnet phrygien coiffait par dérision la statue d'un saint descendu de son piédestal. Ces hommes, armés de marteaux, frappèrent le monument de Plantavit, et, lorsqu'ils eurent brisé la demeure du mort, tout-à-coup, à la lueur rougeâtre des flambeaux, ils aperçurent leur Évêque, les mains croisées sur sa large croix d'or, il semblait les contempler du froid regard de l'éternité. Saisis d'effroi et de respect, ils prirent silencieux le corps saint et allèrent le déposer, dévotement, à côté d'autres évêques, sous le maître-autel.

Le monument mutilé resta longtemps en dehors de l'enceinte de l'église, exposé aux profanations d'une enfance ignorante et légère. Enfin, grâces à Dieu, il occupe aujourd'hui une place plus décente.

Encore quelques années, mes amis, et vous serez hommes : l'un, soldat; l'autre, prêtre; celui-ci, industriel; cet autre, magistrat. Rappelez-vous toujours, que si Dieu donne le génie à quelques-uns, il laisse au plus grand nombre le soin de grandir par le travail et l'étude. Noblesse oblige; vous êtes d'une nation où les grands hommes se comptent par milliers; vous êtes les fils de cette France qui grandit tous les jours par le génie de notre immortel Empereur. Hier encore vos frères s'exposaient aux balles ennemies pour défendre une nation opprimée; vous devez être fiers d'eux et vous dire : « Moi aussi je serai, un jour, un héros. »

Ombres des vainqueurs de Lodi et de Montenotte, n'avez-vous pas tressailli dans vos linceuls glorieux, à la vue de vos fils, luttant dans les plaines de la Lombardie? N'est-ce pas que vous êtes fiers d'eux, n'est-ce pas qu'elles sont dignes de vous ces grandioses luttes de Marignan, Magenta, Solferino? Dormez en paix dans vos tombeaux; l'épée du grand homme est passée à des mains fortes et généreuses, qui savent calmer les courages émus et donner à propos au monde, une paix glorieuse.

COSTE.

Lodève. — Imprimé chez Grillières.

www.ingramcontent.com/pod-product-compliance
Lightning Source LLC
LaVergne TN
LVHW021059050726
842519LV00005B/1729